La rabia que asoma x el balcón

Irene Arminio

Círculo Rojo
EDITORIAL

La rabia que asoma x el balcón

Primera edición: Febrero 2024

Depósito legal: AL 208-2024

ISBN: 978-84-1061-554-0

Impresión y encuadernación: Editorial Círculo Rojo

© Del texto: La rabia que asoma x el balcón
© Maquetación y diseño: Equipo de Editorial Círculo Rojo
Editorial Círculo Rojo

www.editorialcirculorojo.com
info@editorialcirculorojo.com

Impreso en España — Printed in Spain

El papel utilizado para imprimir este libro es 100% libre de cloro y por tanto, **ecológico**.

Índice

A todas mis amigas y a mis padres

Víctima

Hoy he vuelto a escribir con una daga mal clavada en la espalda por todo lo que no puedo decirte y me da miedo decirme a mí

Podría llegar a pensar que si me expreso así soy verdaderamente una loca

Te envidio. Envidio esos ojos funestos y esas manos que querrían trepar dentro de mí cuando en el fondo te confundes

Hay un hueco al que le sale fuego

      Si te fijas, soy yo

      Si te fijas, es mi espalda

Escribo cuando pienso que estoy loca, te lo vuelvo a repetir

Quizá ese sea mi mayor consuelo o la mejor manera que tengo de llamar la atención

Hoy no he venido a escribir sobre amor porque me pesa, me pesáis; me pesa lo que está lejos pero lo cercano más aún

Mis madres podrían haberme criado sabiendo hallarme en las cosas a medias

Todo vibra y todo se queda en la vibración

Soy un órgano que retumba por la noche. Yo me subo en él, yo misma me abrazo

En la imagen voy vestida de blanco

Tristemente este es un cuento que solo mi mente entiende

¡Hoy se cumplió la profecía!

Profecía auto cumplida que me hace poder ser una víctima en paz

Una víctima por la que no siento ni una gota de compasión

Si me siento así es porque tú has querido: he venido a culparte eternamente

Esa será mi misión

Tú eres el que me hace hacer lo que hago; eres quien me hace ser peor

La conciencia es conciencia culpable, la que maneja la historia

Es una buena narradora, por no decirte la mejor

Hago todo esto para echarme unas risas

Estoy intentando evaporarme, desencajarme de ese espacio que se abre pero aún tiene el pestillo a medio echar

En este cielo iba a ser que no se ve luz ninguna,

Bienvenido a mi oasis: *la rabia saliendo x el balcón*

II. La segunda es para ti

El objeto de deseo, ese algo deseado

Algo a lo que miro

Pero vuelve a ocurrir lo mismo

Lo quiero pero siempre se pasea el pensamiento:

"¿Luego lo desecharía?"

No puedo responderte

Porque nunca el destello del deseo

Se convirtió en acto de amor

No conozco esa pureza

Solo juego con mi amiga frialdad

IV.

La parte de mí que no se gusta, que se menosprecia, te llama por las noches pidiendo auxilio

¿Dónde fue que quedó ese vínculo?

Vínculo fantasma, espasmódico y doloroso

No fuiste más que veneno para mi alma

V.

No puede ponerse entre paréntesis el querer ser acariciados

Quiero volver a sentirme igual de arropada que en el útero de mi madre

Quiero que tus manos me protejan y me acaricien el pelo

¡Cuéntame una mentira! Dime que esta vida no es eso

Dime que las cosas permanecen

Que no habrá dolor ni desasosiego

Supongamos que el amor es exaltación del alma. ¿Cómo sabemos que es eso lo que se siente?

Amar es un acto de guerra

Amar es un acto de guerra contra el límite porque cuando se ama se hace en eternidad

Uno de ellos me dijo que *todo* se queda en ella

Mi eternidad dura solo unos segundos *(los segundos del amor)*

El amor lucha por trascender el límite del tiempo

Me pregunto si será verdaderamente eso

Mas yo nunca lo supe

El que ama lo hace para siempre, primera y última

Sentencio: el amor es la fuente más pura de la que todo emana y a la que todo vuelve

Se propaga

Te amaría aunque estuvieses muerto

Tan muerto como la idea que solía tener de ti

Amar es un acto de guerra contra el espacio porque cuando amas tienes un encontronazo con el Uno

Te sientes Uno con *tu* amado (pues así *ama el amor*) pero en realidad siempre seréis dos

Quizá esta sea la peor pesadilla de cuantos solo aman al amor

Se opone el amor a la nada

Amor que la angustia tapona

Amor dador de sentido,

Nada dadora de nada

Cuando el pleno sentido está en Dios

El amor animal es pura estética, puro sentir

Amar así es violencia:

Sin calma, con necesidad

VI. Musarañas

Me decía mi madre de pequeña que dejara de pensar en las musarañas

Lo que no sabía ella era que las vueltas ahí ya me pesaban

Unos años después la historia se repite; ahora solo es el objeto lo que cambia

Mi obsesión sigue siendo la misma

Ya no hay castillos ni duendes sino una princesa atormentada

Sorpresa: la princesa soy yo, antes solo una niña desolada

Existe una parte de mi que solo se quiere si la quieren los demás

Mi percepción tiene boquetes a la hora de sentarme junto a ti (no sé si es cuando alguien me importa o si solo tengo inseguridad)

Amar es apoyar

Amar y querer no son lo mismo. Pero no sé darte motivos

Ahora necesitamos drogas para portarnos como niños

Dios siempre me protegerá y me salvará hasta el día de mi muerte

Después se encargará de mí

Llevo mucho tiempo con un nudo en la garganta que no es capaz de salir

Lo mucho no soluciona y lo poco acomoda de una manera que ahoga y en la que yo no tengo asiento

¿Dónde colocó Dios la balanza?

No te culpo porque eso es solo nuestro

Este es nuestro pan de cada día; tomad y comed todos de Él

Pues puede que esté rancio

Espero al día en el que los miedos se me salgan por los poros y no me duela más el cuerpo

Por quien más lástima siento será siempre por mi estómago y mi pecho

VII. Narciso

Solía rezar para recuperarte- dice Sylvia Plath

Eso mismo hacía y eso no paraba de traer a la tierra yo

La idea que pululaba por mi mente salía siempre al mundo exterior

No te engañes, era yo quien te traía

Siempre fui una buena amante pero un pésimo amor

De extremo a extremo; solo así me dejaba mover por Dios,

pues era *Él* quien me movía para que me chocase hasta que fui capaz de tomar las riendas de algo que parecía ser mío pero que yo no lo creí así

A veces nos dejamos en sus manos y pasa lo peor

Narciso se mira al espejo y este se rompe porque Narciso jamás aguantaría estar multiplicado por dos

Narciso vive aislado en un mundo que él quiere creer que es para dos

Solo lo hace así para sentirse mejor

Narciso te pega con sus actos para que algo te ate para siempre a él

Dulce dependencia

Nunca te extenderá su mano porque jamás podría soportar la idea de que tú fueses mejor

Narciso muere cuando se acaba la atención

Narciso parió una hija que se encarnó en mí y la llamamos

Decepción

Narciso fue un Apóstol

Una habitación para el dolor

Desvirtuadas, ya no somos divertidas

Purgadas, que haya espacio para ella

Que el dolor llene mi cuarto

Y que cuando mas pinche yo esté ahí para saber por qué me pasa,

Por qué parecer ser que me quiero morir

O existe un impulso que tiende hacia ello

Por qué corro hacia ti y eso es lo único que me calma;

Su aceptación será mi morada, saber que me sigue queriendo

No quiero seguir dependiendo de ti

Me molesta cada cosa que haces,

Cada paso que das y no es hacia mi

Me molesta que no corras hacia mi casa o

Que no admitas que no puedes vivir sin mi

Quiero una súplica, una súplica cálida pero que a ti te duela

Si no se pisa es que no te quiere; así nunca será suficiente

Nunca lo será para mí

Se me llena el despertar de nuncas

Una muñeca rota

A la que nunca nadie querrá lo suficiente como para quedarse a su lado

Ni será lo suficientemente bella

Ni lo suficientemente delgada

Ni serviría para nada si no supiese escribir

No recuerdo datos ni son tan divertidas mis historias

Gloria Fuertes decía que mientras estaba enamorada no podía escribir

Funciono como si fuese un hombre el que me salvase

Y luego volviese a caer en sus garras

Que no son otras sino mi odio

Mi ira

Mi rencor

El ser que duele,

Hemos venido a morir

Muerte, renacer del alma

El suicidio no hará más que posponer el vivir la herida

Y poder habitar en ella

Tendrás otros ojos

Otra apariencia,

Pero te seguirá tocando estar aquí

El día que sea un ángel

Mi manera de amar a un hombre procede de la carencia
más absoluta

Maldigo no darme por vencida

Estoy lejos de ser un ángel

Quizá pasando por dos vidas algo más consiga

¿Cómo es posible el mentir para unos ojos?

Esto no va sobre ti

Da igual cuantas cosas me queden por decir

Las palabras solo reflejan el ser de vez en cuando

Llegará el día en que mi alma se hunda del todo

Quizá ahí me purifique

O solo me quede morir

XIII. Mi suerte

Me siento reemplazada en una realidad que me gustaría que fuese distinta

Miro al futuro con la nostalgia de algo que no ha existido

Me siento segura en mi cuerpo, ese mismo que me hizo ser *una extraña,* que no me dejaba ser yo misma

Me aprieta el pecho porque siempre quise correr hacia adelante, huir de un fantasma que ya no está

Hago todo esto para yo misma recordar, por si un día vuelvo a estar ahí, poder leerme y echar un vistazo hacia esa vida que tuve antes, para mostrarme que aquello ya pasó

También para que me leas tú, porque siempre tuve la necesidad de ser vista y así sentir que formo parte de algo, de este algo que con tanta gracia llamamos *vida* pero de la que nadie ha visto el fondo

Los pueblos que bailan siguen manteniendo el corazón

El corazón también comprende y es el que siente la unión

En el querer verdadero nos sentamos los unos con los otros para darnos un respiro y comprendernos

La frialdad y el muro son el paso anterior, un paso en el que de quererlo puedes quedarte toda la vida

Después viene el espejo

Cómo me gustaría contártelo; cuán poco voy a ir a buscarte

Madurar es volver a ser pequeño aprendiendo a cuidarte

Para algunos madurar es rifarse una careta y ver cuál es más falsa y grande

Me siento más mayor que mis padres; más mayor que todos los que me rodean y a los que dos bebés les chillan y no encuentran sentido por ninguna parte

Pienso en mentir para no expresarme

Hay personas que han llegado a mi corazón y que, sin duda, se han quedado encadenadas

Amar sin comprensión es dureza y así no quiero ser tu acompañante

No quiero ser más una muerta en mi propia vida. Estar es posible; a veces solo hay que alejarse y sacar parte. No dar pie a la destrucción:

Me digo que yo sé vivir sentada

Las Otras

El gran error del cristianismo fue asociar el amor al sufrimiento. *Padece* y será que así amas más. *Padece y serás salvado.*

¿Cuántas más tendremos que padecer siendo productos de esta dura mecánica que no hace sino empeorar con el paso de los tiempos? Esos hilos metafísicos que se van moviendo poco a poco tras las generaciones, pero que nos siguen poniendo a nosotras como el niño que llora en la feria porque no le ha tocado un regalo. Porque vivimos cada día esperando un gesto, una llamada… Porque se nos ha enseñado a ser así. Nosotras: las que sufren, las que esperan, las que solo piensan y no pueden hacer. Y yo solo me siento y estoy cansada. Porque somos las nietas de las mujeres que no supieron hallarse, las nietas de las histéricas; y somos las hijas de aquellas que creyeron darse cuenta de lo que veían pero que siguen manteniendo el hilo, el dolor, cargando una herida que se halla en el espíritu.

Bisnietas de confundidas, a las que no enseñaron cómo hacer para comprender y comprenderse. Venimos del reino de la ternura; siempre será así. Sin parar de parir generaciones movidas por el engaño de que la vida es dura y hay que sufrir. Y puede que a los de arriba les venga bien querer confundirnos, porque si nosotras no nos comprendemos seguiremos siendo siervas, seguiremos respondiendo a sus ritmos. *Señor:* a ti también te han engañado.

Ya da igual quien venga, será una quien tenga que aprender a dejar este dolor de lado, corriendo el peligro de volverse de hierro. De volverse terca y solo así seguir manteniendo este sufrimiento. El muro solo ahonda la herida, y de aquello que se enquista jamás podrá emanar nada.

Tanto dolor del que nadie tiene culpa. Dios lo puso en nuestras manos. ¿Qué se supone que hemos creado? *El Alma del mundo* vive corrompida en muchos corazones que simplemente nacieron desconcertados y jamás supieron pararse.

Se me corroen las entrañas: me miro al espejo y pienso que ojalá mis hijas no tengan que reprimirse tanto y solo ser. Despertar; vivir sin velo, no en vilo.

XVIII. La testigo

Miro al mundo desde la ventana de mi casa preguntándome prácticamente cada día cuando me tocará lanzarme a mí y mantenerme en él. Sé que sus puertas están abiertas y aquí estoy yo, que solo sigo siendo una testigo. El palo del basto sigue pesando mucho cada día.

Siempre, siempre que ando eternizando me acabo yendo, esquivando, evitando el enfrentamiento- y así sufrir. Cuando lo acabo haciendo, no logro mantenerlo. Aquí está mi secreto: es que no me creo capaz.

Me he repetido tantas veces que no era el momento para salir ahí que al fin terminé por creérmelo. Te muestras ante un mundo al que crees que no tienes acceso y, por tanto, te muestras ante el mundo como un ser inaccesible. ¿Cuántas cosas crees que no pueden germinar? ¿Cuántas mentiras más piensas contarte?

Miro al mundo con ojos de espectadora y me obligo así a pasarlo mal. Tampoco nada parece merecer la pena como para intentarlo. Sigo estando enraizada, pensando en aquello que parece darme igual; me lanzo, hago que me importe y eso termina por irse sin más. Viene la bomba: tristeza, caída y ansiedad. Veo cómo viven los demás y me imagino cómo sería si fuese yo la que está ahí; cómo sería mantenerlo y vivir así. El estar fuera huele frío, pero tiene un aroma atrayente que me hace querer seguir. La testigo pasa al centro cuando sabe ser algo que no sea éxtasis. Qué lastima: está eufórica cuando por fin le toca salir.

Mi consciente sabe que merece pero la testigo, esa que ha presenciado la herida, se repite que no puede más, que otra vez será; sabe que se siente como si no lo mereciese. Si mira más allá sí que sabe que es capaz: esta es una que vivía de la adrenalina de la supervivencia y a la que los cojones jamás la echaron para atrás.

A esa que necesita una válvula de escape, a la que le tiembla el ojo de vez en cuando. Una señal para todos, para poder sanar: *necesitamos curarnos el alma y poder criar generaciones más fuertes*. Me recuerdo cada día que el tiempo de Dios es perfecto para poder soltar esa rabia tan profunda que llevo dentro, esa rabia que no me deja ni llorar. La rabia que hace que se me cierre el estómago y que ni siquiera pueda mostrarme a mí misma aquello que va lento y camina profundo.

Quisiera perdonarte pero, ¿qué sería entonces de mí? Dejará de ser tu culpa o la mía, al menos no lo será más en mi imagen. Imagen que necesito que sane. Si tengo que bajarme algún día sé que Dios me hará estar ahí porque Él sabe que es mi guía. Sigo sintiendo pudor al hablar de

Dios; por aquella que no creyó en nada pero supo que detrás de todo entrevió la fe.

Fui al lugar equivocado a escaparme. Ya no seré más una testigo que pide auxilio constantemente. Aprendí quizá no a ser médico pero sí a escarbar; al menos la llaga tiene esperanza.

No quiero volver a ponerme en un escaparate para hacerme ver y mirar. Haciendo esto para que no nos sintamos tan solas cuando en la cabeza pese más el lado de la balanza que sostiene *el mal*. Arropando a una niña pequeña, rebelde y descuidada.

Amén,

Rezaría por todas nosotras

XX

Enamorarse y amar no son la misma cosa

Si fueras otra persona no dudaría en hacerlo

Tampoco sé si eso lo elijo yo

Y dice: *"lo próximo que escriba será sobre el amor"*

Me pongo enferma de miedo pero me puede la rebeldía

Me volveré loca una semana hasta que me vuelva a acostumbrar

No sé si tengo tantas cosas que decir

Voy a hacer lo que más miedo me de

Voy a dejar que él mismo se rompa

Y que vuelva a mí convertido en otra cosa

Me gustaría verte siendo más mayor

¿Has crecido? ¿Me has recordado?

¿Qué has sentido?

No sabré donde me acabaré metiendo

Aunque me de miedo la sorpresa

Me imagino que tengo una nieta que me lee

¿De quién serán los niños?

¿Seguiremos pudiendo ir al mar?

Me da miedo que se rompa este cristal

Pues dentro sigo siendo una niña pequeña

Sentencia de muerte

Quise estar embarazada para estar siempre cerca tuya cuando te dejé

Se me olvidaba que un niño jamás podría salvar una relación de maltrato

Tu amor me hizo fría, no fuerte

Por suerte no serás tú quien a mi me recopile

Pienso en ti cada día, en cada anochecer

Pienso en ti cuando el miedo me estremece

Y no puedo evitar echarte la culpa

Pienso en quienes no estuvieron ahí

En todo aquel que se rió de mí

Hoy me gustaría darte los buenos días

Sigo viva,

Sigo estando aquí

Nunca me quisiste muerta

Me quisiste pendiente

Sin mi tú también morirás

Pues no habrá quien que te recuerde

La amenaza

Lloro, y chillo, y me pregunto qué nos hace este mundo a las mujeres

Porque me convierto en una histérica que no sabe a dónde mirar

Porque tu sentencia se convierte en realidad

Realidad adornada de falsas promesas que descansan en el odio

Enemistad que no lo es porque para que lo fuese tendríais que ser valientes

Comienza *La mentira*, abren las puertas del teatro:

¡Buenos días!

Hoy se ha suicidado una niña,

Pronto podrán hacerlo las que jamás nacieron

Porque supieron encontrar el velo de esta vida que nos maltrata

Que no tiene piedad

Porque los lobos visten de traje

Y tú ni siquiera sabes aullar

Pues tu palabra es silencio

Hielo, ley, dogma

Dolor agudo; sin descanso

Tendré que escribir sobre algo de lo que un juez jamás dictó sentencia

O

Podría decidir matarme como todas ellas

A ti ya no vengo

Hoy te rezo como si nunca hubiese pasado por aquí

Mis metáforas se sienten pobres

La brisa de tu amor con la que quería llenar mis vacíos plenos ya no la siento

Lo único que me queda es pensar por qué la nada a mí me emana desde dentro y me encoge este cuerpo que estaba destinado a ser pequeño y amado y que a veces noto tan grande y con tanto peso que no puedo levantarme de la cama y me siento anclada porque *a ti ya no vengo*

Me ahoga este humo que se expande sobre ti, me ahoga que tú no estés y yo aún sí

Me ahogan mis pensamientos que vuelven a ti y tú, que te sigues convirtiendo en un monstruo, y el otro *tú* que se vuelve un ángel maligno y ahora ya sí que se viste de negro

Hacia algo tira ese *mí,*

Algo más profundo,

Algo verdaderamente eterno

La amenaza que surge desde mi cuerpo, mis ojos inquietos y esta mente tan resolutiva de cosas falsas que me mantienen entretenida no me dejan acercarme a ello

Tengo la esperanza de despertar algún día de este vago sueño del ego y alzarme sobre ti

Porque en ese despertar del ser me sentí una princesa pero tú me amenazaste y yo me fui

Siempre me quedará ese momento dentro pero nunca jamás volveré a ir

Es un sueño o yo quise que así fuese,

Me derrumbé y el camino se torció

Y aquí aún me hallo recomponiendo

El simple hecho de no poder más hace que se me descompongan las ideas

Ver cómo la gente consigue sus sueños y yo no me alegro

Porque en mí cada día todo se disuelve más aún

No hay quien integre esta sombra,

No para el traqueteo del paladar

Tiembla y suma en cada noche de irritabilidad

Os habéis ido uno por uno, y yo me he quedado aquí

Ninguno os habéis girado, a ninguno os ha importado

Me chillan las manos rogándome que se quieren ir

Me dan un calor que pesa, me tiembla tanto el pecho que ni siquiera se abre ya como cadena

Se convirtió en algo perpetuo como las olas del mar

Te fuiste y no me basta porque en mí siempre habrá una segunda oportunidad

Pues siempre quise decirte hola de nuevo

Y aún sabiendo que sufres a mí me da igual

Siempre quise ser yo, y siempre quise ser más

XXIII

El delirio de tu presencia volviendo llena hoy esta habitación

Hasta que no nos impongamos no nos querrán como lo que somos

No seremos ya más muñecas engañosas

Estafadas por vuestras falsas promesas

Por vuestro constreñido impulso de mantener nuestra esperanza

Para nunca dejarnos llegar

Invadidas por nuestro dolor

Reaccionando, *al quite*

La cura

La vida es tan fuerte que cuando una está débil puede dejarse caer en los brazos de cualquiera. Que me lo digan a mí, que cuando ni siquiera me importaban tanto yo me quedaba ahí, necesitándolos. Me gusta preguntarme, también regodearme: ¿es mi cuerpo el que me engaña, mi ser o mi sentir?

Quisiera dejarle un hueco a ese *no poder más* que también forma parte mía, nuestra. No sé, hablo de falsedad. Hablo de tu carátula vestida de odio y desinterés que esconde un amor detrás al que ni siquiera sabes como manejar. Eso es lo que más pena me da, porque hay tantas heridas que busco lamer que siempre se me olvida lamer la primordial.

Nadie lo quiere, pero nadie se gira ni se para. Me pongo tan triste porque solo se caminar por piedras cuando, si miras al cielo, ves que otro camino es posible: solo tenía que andar un poco más despacio para poder verlo, mas nunca supe. Esa culpa la sigue cargando mi espalda.

La sensibilidad es un regalo que Dios me ha hecho. El dolor de cada uno es preciado; se nos repite tantas veces que tendemos a los extremos que acabamos entrando en aquel lugar que a ellos los mantiene a salvo y por si fuera poco en ese momento para nadie existe el acariciar.

Necesidad de unas manos que hablen mi mismo lenguaje, necesidad de un sitio seguro donde caer. Manos que no claven ni con palabras ni con actos, aunque a veces debajo se esconda un querer.

Tan triste que ni siquiera puedo llorar y hoy solo se echarme el candado. Hoy fui yo la que decidí no curarme,

El día que lo haga daré Gracias a Dios.

XXIV

Tus brazos son como los de Cristo y yo solo soy una pequeña niña perdida que buscaba sanar una herida a través de los demás.

Sigo sentada en mi casa esperando el brillante momento en el que vuelva a pisar la hierba como sé que en otra vida haría, a volver a vivir frente al mar siendo una mujer que aprendió a aceptar. Porque sé vivir dentro de mí misma y seguir sintiéndome alejada de la locura de las emociones y de las heridas tan grandes que sostiene mi ego, pero eso es solo una parte más. Puede que tampoco me haga ser genial, pero cada uno elige cómo vivir su vida y yo solo puedo, aunque me quede en los intentos, rozar mis afectos, sentarme a acariciar.

Hoy he vuelto a no sentarme con mi padre pero podría sentarme no a decir, solo a estar. Elijo quedarme sentada en esta habitación tan oscura y a la que las serpientes acuden a ahogarme. Ya no siento como antes lo hacía, se alejaron mis ganas de amar y con ello las ganas de maltrato cuando comprendí lo que aquello era de verdad. Por eso soy una niña, porque frente a vosotros siempre veo lo mejor que podéis dar y solo la maldad de ellas como si acabase de sentirme culpable de morder una manzana.

Son cánticos religiosos los que me envuelven; las ganas de saber se quedaron estampadas en mi pared cuando vi que tendría que hacer el esfuerzo por darle un sentido yo si no llegaba. Es muy diferente cuando entendemos el despertar solo de manera externa. Nace ahí la incomprensión del loco; mas es diferente cuando aprendes a fundirte con la realidad y ver en el conjunto de gente dormida, porque puedo morir y luego despertar.

No hay aquí una caverna a la que alejarse aunque parecido a ello puede ser mi cama cuando apago las luces y no sé cómo avanzar porque a día de hoy sigo sin entender nada. Por qué aparecen y luego se van tan rápido. Parece proceder de otra vida esta cosa, pues no la sé cómo llamar, como si a mi ego herido se le pusiese una trampa cada día porque hay millones de cosas que he de integrar.

Ya no es 28 de abril sino de agosto y parece que estoy haciendo grandes cosas aunque no lo quiera creer en realidad, aunque me fuerce a hacerlo porque sé que puedo con esto. Tengo el cuerpo lleno de porquería y parece que pueda morirme sin hacerlo.

Prefiero escribir desde lo inconsciente y ver lo que me sale, pues todo anda oculto y cuando quiere sale hacia afuera sin más. Soy tan mala a veces que no puedo respirar.

Quiero desaparecer de la faz de la Tierra para obligarme y también hacerlo por los demás y solo ser, sin más. Quiero vaciarme y llenarme de luz. Escuchar ciertas cosas es lo más cerca que podré estar de ser un ángel. Jamás. La pureza de la vida nunca se podrá recobrar: agua, el componente esencial que hace que algo se pueda esbozar. Donde hay luz, hay profundidad, pero si no se sabe de dónde procede sigue siendo una luz que se apaga sin más.

Tengo la magnífica capacidad de desarrollar amor por hombres que no me aman de vuelta; que parecen reírse de mí. Que se van cuando más los necesito pero es que nadie podría amar así este sentimiento de insuficiencia. Mas, ¿por qué se van? O, ¿cómo se aleja algo que nunca ha estado ahí?

Si recuerdo todos mis amores parece que siempre ha sido el mismo con la diferencia de que uno me maltrataba más que los demás.

¿Cuál es mi prisa? ¿Es que quizá alguien vaya a irse sin cerrar la puerta?

Estas son las hijas a las que nunca quisieron sus madres.

Trago saliva de Dios: *soy un lago.*

3 de noviembre

Soy una niña sin miedo

Completamente sacudida

Por todas las circunstancias que la rodean

Dejaré que vengas

Para que no vuelvas a volver nunca

Y yo siga enquistada

Rogándole a Dios la misma cosa de diferentes maneras

No soy tu válida

Ni tu valida

Ni soy tu espada, solo la mía

Me mezo en esta desmesura de vida

Que en algún momento vino a ser sangre

Y se volvió costra

Daría igual que me pidieses la muerte

Lo que me desespera es no tener nada que ofrecer

No soy tan buena

Ni sé dar caricias

Se me dispara este yo

En este mundo que me subsume

Me carcome

Se me enquista

Mécete niña:

Esa vino a ser tu danza

26 de octubre

Canta

Dulce y linda la niña

A unos labios que no la supieron callar

Habita la confusión

En este cuerpo tan hostil al sentimiento

Pero que muere de intriga

Quisiera verte desde dentro

El impulso de muerte me llama desde hace un par de días

Y yo ya no sé cómo contestar

25 de octubre

Parece que perdí lo que soy
Si es que lo fui alguna vez

Demasiadas cosas han pasado,
Han sido en este lugar que a veces se oscurece tanto,
Que parece tan duro pero que en el fondo está limpio,
Solo tenían que enseñarnos a desentrañar

El amor de una caricia
Me apeteceis al ser vida
Tumbarse en el fluir inquebrantable de las olas
A oler tan dulce brisa

Dejarnos ser acariciadas por su mirada
Afecto por la espalda
Desmenuzar y desmentir el mito de un dolor profundo
que nos une
Unidas por la dulzura y el resquemor

El resplandor de un habla que no dice nada

Pero que nos deja inertes, anonadadas

No se olvida

Ya nada corre ni huye,

Solo mi costumbre

Que se repite

Lo que más quise siempre fue ser vista

Alemania

Si me quedo, en este caso, tendría que comerme los restos mordidos por ti

Las heridas que tenemos son las que nos han unido,

nuestro amor consistirá en lamerlas

Morir es fundirse con el Universo:

Nunca me iré de aquí. Lo que hoy aprendamos nos servirá para la próxima

Amo te,

Te amo a ti

A. en dos

Tengo tu foto dentro de un libro de Freud y mis manos te ruegan pasión,

Todo mi cuerpo me recuerda a lo que soy y mis dolores lloran de miedo

Me aprieta la garganta, la frente y el corazón

Tengo la esperanza de que toda esta enfermedad que me circunda

Huya algún día, que se escape por mi puerta

Tu amor es el arte de acariciar a un ángel

Tan puro como el agua; más bueno que la suerte

He vuelto a casa después de un año y esto es de nuevo la morada de un ser que no solo es hijo de la tierra sino que se baña en su fuente,

Tengo voz desde que os fuisteis lejos

Día 9

Da comienzo el final:

Y yo, que te querré siempre, que no me tocarán así unas manos de nuevo aunque esto no sea la primera vez que lo escriba. Siempre sabré que te fuiste porque nunca te tuve, porque yo desde el nacimiento quise que doliera.

Mi ser es un náufrago que siempre espera, que solo manda aviones de papel y nada hace por irse ni escapar. Solo amaga.

Pero esa es la única esperanza que tiene la nada cuando su isla está vacía,

Mi náufrago nunca hace por llenarla, pues siempre estáis delante mía.

Válgale a Dios esta pena, a *Él* y al que me escucha, pues nunca lloré tan hondo como el día que te vi con ella y desde arriba se me mandó a callar, pues toda mi espera había sido una mentira.

Hoy por hoy te vas y mi sentimiento de insuficiencia me acompaña. Quizá me entienda él más que tú. Te veré entre sus brazos y querré a tus hijos aunque no sean míos,

Así acabó.

El día que nos vayamos

Y de nosotros, ¿quién se va a acordar cuando nos vayamos?

Porque no solo con uno muere lo que uno es, su cuerpo

Sino que muere con él su sentir

Y no solo muere el sentir, sino que muere el recuerdo

¿Quién se acordará de cómo rozan tus manos?

¿Quién se acordará de tus brazos, de tus ojos achinados cuando se hacía de noche?

Conmigo se quedan cosas que son de ti

Algo que morirá, pero cuando yo me vaya, porque mi consuelo es que solo conmigo fue así

Me queda el humilde anhelo (que para nada es humilde) de que todo se vaya a algún lugar, de que nuestras almas recuerden allá a donde vayan por siempre, pues allí las llevó Él

No como residuo, sino para hacernos justicia

Cría cuervos y te sacarán los ojos

Cuida al tiempo y puede que se te eche un poco menos encima

Puede que este sea el final

Es la magia de la incapacidad la que nos impulsa hacia diferentes lugares. Me aprieta el pecho, me ahogo y me quedo en recogimiento, mas no sé como solucionar. El único alivio es que la tierra pasa y que este nudo en algún momento también querrá desaparecer.

La magia de las palabras ya no me seduce, ahora no tengo ningún verso más. Ya no sé qué deciros, es como si os hubiera dejado de interesar. Mi vida, la tuya, la vuestra, es caótica. Me subsumo en las paredes de algo que nunca creyó ser original pero es lo más consumido.

No nací para esta vida, no nací para notar los ojos de hombres en mis hombros; nací culpable por querer revelar la verdad. Y a veces me pregunto si serán las cosas capaces de pasarme… Quisiera volver a empezar.

Quisiera volver a cubrirme con esa máscara y acordarme de todos tus entresijos. Quisiera no ser incapaz de llevar esta vida que hace que me entre vértigo cuando yo lo que quiero es que vuele sola. Sé que la raíz está cerca pero muchos días elijo la incapacidad. Sacrifico estar sola a costa de no tener tu enemistad.

Nací de una lágrima del miedo que se terminó escapando; él tampoco sabía cómo actuar. Me habéis parido con ellos y a mí me sigue aterrorizando. No quisiera crecer en un sofá. Un saludo a todas esas a las que nos sangra el pecho, a las que no sabemos desvincularnos aunque naciésemos con el vínculo partido.

La farsa es mi mejor amiga en días como hoy y yo ya no recuerdo lo que es escribir porque no me siento como lo hago. Creo que mi vida será algo mejor o que algún día seré capaz de ganarme mi propio pan. Imagino que todos me queréis pues así es de grande mi necesidad. Estar sola es estar tirada y yo no tengo fuerzas para remar.

En una tarde recuerdo toda mi vida y a todos esos seres que me hacen tanto daño

Quizá no existáis fuera de mí, quizá sea yo la que os creo o la que os atraigo

Pongo tanta energía en vosotros que ya sois parte de mí

Me demonizáis, me hacéis pensar que estoy rota y que todo este camino no es por mi sino que cae sobre mí

Rota, a oscuras, llorando y pensando en por qué te alejaste

Por qué nunca me quisiste

Eso también podríamos preguntárselo a muchos padres que luchan ellos por sobrevivir

Pero nos hacen ser débiles y no saber a dónde ir

No existe un refugio sino la espera y la creación mental de algo que nos salve

Algo que nos tape de todo el frío que hace fuera

Pero es que hoy el frío está dentro de mí

Tempestad o gloria, miro al cielo y fuera están

Adorno mentalmente, saco y hago resurgir

Soy yo la que busco y no le doy al dios tiempo para que me deje dejar de sobrevivir

Os odio a todos los que estáis lejos

Odio que no me tengáis en cuenta

[...]

Oh tú, ven, si tú, Narciso

Me llenas de muerte mi imaginación mental

No existe representación alguna ni imágenes sueltas ya porque me restas toda la energía suficiente que necesito para hacer esto

Mi poder se agota, mi sueño por igual

Si no me saco, si no me sostengo me evaporo

Serán mis ganas las que cesen de querer progresar

Y le pregunta al dios si es que existe el progreso y es que este está dentro suya

Hazme crear un imaginario nuevo, arráncame de esta vida llena de maldad

La energía se me sale por los poros y también salen los miedos que tengo

Me tapan la raíz, se funde en una nebulosa que pretende estar vestida de gris

Pero yo sé que es mentira pues yo sé mirar y sentir a través de ella y así ver la gran fuente

¿Dónde comienza o quién la hace comenzar a ella? ¿Es que quizá ella necesita de esto?

El alma es religiosa solamente

A Dios nos encomendamos y el único estúpido aquí eres tú

Tengo frío y mi mente da un calor que abruma

Sois payasos riéndoos del que tendríais que escuchar

Siento un gran amor por el loco o por el que hace las cosas mal

Mi impulso resuena con ello o quizá es que mientras tanto lo que hago es morirme de ansiedad

Déjame ser libre, quisiera decirme a mí misma

En el tiempo se hallará la libertad o quizá quieran hallarme antes ellos muerta para poder soltar

El arte nos servirá para esto toda la vida

Me digo: no seas una muñeca llena de telarañas a la que haya que desempolvar

Cada letra que escribo, pienso, digo, representa lo mismo:

Mis hijos no se parecerían a ti ni aunque naciesen muertos

Epílogo

A los hombres que me necesitan pero que no me quieren

A mí, que soy una sanguijuela que te sube en un pedestal

Pero creo en Dios como alguien que me cuida

Este es el final de un principio que te contaré en otros dos años

Este es el reflejo de que las cosas necesitan su tiempo

De que la cura está en nosotras

Esta es mi vida en la palma de tu mano,

Deséchame si quieres,

Yo volveré para contarte como conseguí despertar